Dieses Buch gehört
zur Ausrüstung von

Hier bitte
ein Foto
einkleben!

Buchhammer/Pörni

Name des Survival-Profis

11

Alter

Krokodilkunde

Spezialgebiet

Alle Tipps und Informationen in diesem Buch
sind sorgfältig ausgewählt und geprüft.
Dennoch können weder Urheber noch Verlag
eine Garantie übernehmen. Eine Haftung
für Personen-, Sach- und Vermögensschäden
ist ausgeschlossen.

FSC
www.fsc.org

MIX
Papier aus verantwor-
tungsvollen Quellen
FSC® C020056

5 4 3 2 1   19 18 17 16 15
ISBN 978-3-649-62146-1
© 2015 Coppenrath Verlag GmbH & Co. KG, Münster, Germany
CH: Baumgartner Bücher AG, Centralweg 16, 8910 Affoltern a.A.
Alle Rechte vorbehalten, auch auszugsweise
Text: Barbara Wernsing
Illustrationen: Jutta Wetzel
Fotos: siehe Nachweis auf Seite 76
Redaktion: Susanne Tommes;
Brombeerblau, Katja Baier
Satz: Zweiender, Daniela Gaus
Printed in China

www.coppenrath.de

Barbara Wernsing

Überleben in der Wildnis

Das Survivalbuch

Mit Illustrationen von Jutta Wetzel

COPPENRATH

Inhaltsverzeichnis

Hallo, Abenteurer!

Sich in der Wildnis verlaufen, gefährlichen Tieren begegnen, von einem Unwetter überrascht werden, auf rätselhafte Fußspuren stoßen — Abenteuer lauern überall: in den Bergen und am Meer, im Wald und auf der Wiese genauso wie im Dschungel oder in der Wüste.

Hier war ein Biber unterwegs.

In diesem Buch findest du nützliche Survival-Tricks für deine Expeditionen in die Wildnis, praktische Forscher- und Entdecker-Tipps, Hilfen für Spurenleser sowie Anleitungen für den Bau von Unterschlüpfen und Kochstellen. Dazu gibt's jede Menge Expertenwissen für richtiges Verhalten in Extremsituationen — absolut überlebenswichtig für alle Abenteurer.

LOS GEHT'S!

Die wichtigsten Abenteurer-Regeln

Egal wie lange der Ausflug in die Wildnis dauern soll: Damit die Expedition erfolgreich wird und vor allem Spaß macht, hier die wichtigsten Regeln auf einen Blick:

▶ Gehe nie allein auf die Suche nach dem großen Abenteuer! Optimal ist eine Gruppe von mindestens drei Abenteurern. Denn wenn etwas passiert, kann einer Hilfe holen und einer beim Verletzten bleiben.

▶ Hinterlasse eine Nachricht, wohin du gehst und wie lange du wegbleiben willst!

▶ Weiche nicht vom direkten Weg ab!

▶ Nimm ein Handy mit, damit du erreichbar bist und auch selbst Hilfe rufen kannst. In der extremen Wildnis, wo es keinen Handyempfang gibt, brauchst du ein Satellitentelefon!

▶ Weil sich Abenteurer auch mal verletzen können, lass regelmäßig deinen Tetanus-Impfschutz überprüfen.

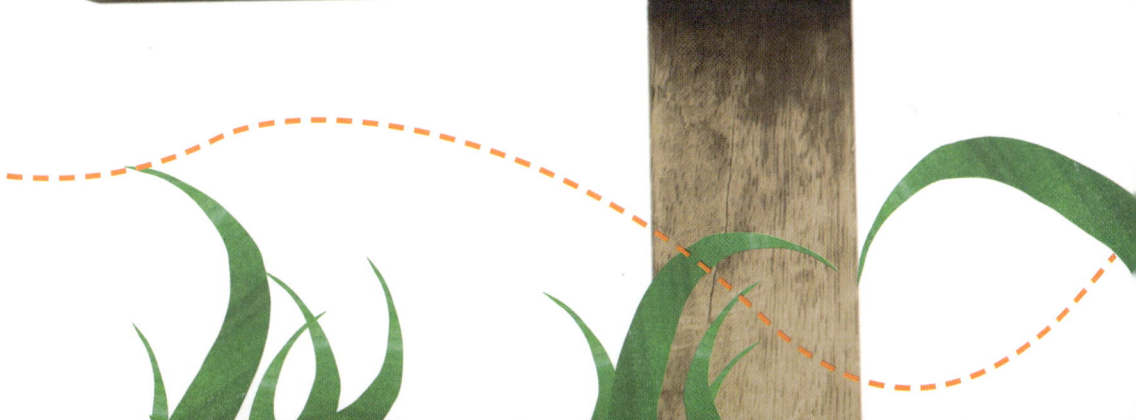

Expeditionsvorbereitung

Nimm dir bei der Routenplanung nicht
zu viel vor. Der „schwächste" Abenteurer gibt das Tempo und die Dauer der
Expedition vor. Gewaltmärsche machen
keinen Spaß. Deshalb plane lieber eine kürzere
Tour mit mehreren Erkundungs- und Picknick-Pausen.

Um einen klaren Kopf zu bewahren,
setzt du bei Sonnenschein am
besten eine Schirmmütze oder
einen Sonnenhut auf. An kalten
Tagen verhindert eine Mütze
oder Kapuze, dass über deinen
Kopf zu viel Wärme verloren geht.

Um bei einer Entdeckungstour topfit zu bleiben, darfst du
weder frieren noch zu sehr ins Schwitzen geraten. Wenn du mehrere
Kleidungsstücke locker übereinanderträgst (Zwiebel-Look), kannst
du dich immer der jeweiligen Witterung anpassen.

Die Ausrüstung

Kluge Abenteurer stimmen ihre Ausrüstung jeweils auf ihr spezielles Vorhaben ab. Einige Dinge gehören jedoch zur Grundausstattung:

- ▶ Karte, Kompass, Taschenlampe und Trillerpfeife ✓
- ▶ eine warme, regendichte Jacke und ein Halstuch ✓
- ▶ eine Flasche Wasser und Proviant ✓
- ▶ ein Mini-Erste-Hilfe-Set mit Sicherheitsnadeln, Pflastern, Desinfektionsmittel, Verbandsmaterial, Rettungsfolie, Sonnen- und Insektenschutz ✓
- ▶ ein Kärtchen mit deinem Namen, deiner Adresse und den Telefonnummern der wichtigsten Kontaktpersonen ✓
- ▶ Zettel und Stift ✓

Ein Taschenmesser, Streichhölzer, ein Becher, eine Rolle dicke Paketschnur, ein Seil sowie eine größere Plastikfolie können ebenfalls praktisch sein. Sinnvoll ergänzt wird die Grundausstattung durch ein Fernglas sowie ein GPS-Gerät.

Für die Packordnung im Rucksack gilt: schwere Sachen nach unten, leichte nach oben. Was man öfter braucht, wird griffbereit in den Außentaschen verstaut.

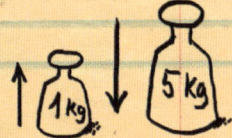

Orientierung – was ist das?

Wo bin ich? Wohin will ich? Wie komme ich dorthin? Das sind die Fragen, die sich beim Ausflug in die Natur stellen. Die Bestimmung des Standortes und die Überlegung, in welche Richtung es weitergeht, das nennt man Orientierung.

Wo ist Norden?

Klar: Bei der Orientierung helfen Landkarten. Doch wie benutzt man sie? Eine wichtige Rolle spielen die Himmelsrichtungen Norden, Osten, Süden und Westen. Auf Landkarten ist Norden immer oben. Um dich mit deiner Karte orientieren zu können, musst du herausfinden, wo Norden in der Natur ist. Praktisch: Ist eine Himmelsrichtung ermittelt, ergeben sich die anderen im Uhrzeigersinn von selbst.

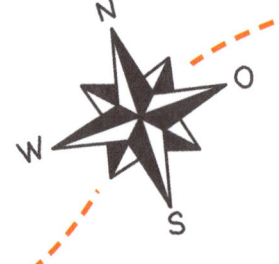

Merksatz:
Norden — **O**sten — **S**üden — **W**esten
Nie **O**hne **S**tiefel **W**andern
oder
Nie **O**hne **S**eife **W**aschen

Orientierung an der Sonne

Eine Möglichkeit, die Himmelsrichtungen zu bestimmen, ist ein Blick auf Sonne und Uhr.

Merksatz:
Im **Osten** geht die Sonne auf,
im **Süden** nimmt sie ihren Lauf,
im **Westen** wird sie untergehn,
im **Norden** ist sie nie zu sehn.

Und hier kommt ein raffinierter Trick mit der Armbanduhr. Wichtig: Du brauchst eine Uhr mit Zifferblatt. Halte sie so, dass der kleine Stundenzeiger auf die Sonne gerichtet ist. Die Südrichtung findest du dann genau in der Mitte zwischen dem Stundenzeiger und der Richtung zur 12 (nimm immer den kürzeren Weg zur 12).

Tipp: Um 12 Uhr mittags weißt du auf der Nordhalbkugel der Erde auch ohne Armbanduhr, wo Süden ist — nämlich genau da, wo die Sonne steht.

Orientierung mit einem Kompass

Hängt der Himmel voller Wolken oder bist du im Dunkeln unterwegs, kannst du mit einem Kompass ermitteln, wo die Himmelsrichtungen liegen. Ein Magnetkompass nutzt dazu das Erdmagnetfeld. Er besteht aus einem Gehäuse, in dem sich ein Zeiger (die Magnetnadel) und eine Markierung der Himmelsrichtungen (die Windrose) befinden. Der Zeiger richtet sich immer in Nord-Süd-Richtung aus, also zum magnetischen Nord- bzw. Südpol.

Halte den Kompass waagerecht. Drehst du das Gehäuse so, dass die Magnetnadel parallel zur Nord-Süd-Anzeige auf der Windrose liegt, kannst du die Himmelsrichtungen ablesen. Das Nord-Ende der Magnetnadel ist besonders markiert (etwa rot).

Tipp: Verlasse dich nie nur auf dein GPS-Gerät. Ist der Akku leer, der Empfang schlecht oder das Gerät defekt, ist es gut, wenn du mit Karte und Kompass umgehen kannst.

Die Wetterseite eines frei stehenden Baums ist oft mit Moos bewachsen.

Orientierung an Tieren und Pflanzen

Auch Tiere und Pflanzen können dir die Himmelsrichtungen verraten.

▶ **Ameisen:** Waldameisen errichten ihre Ameisenhaufen meist an der wärmeren Südseite eines Baumes.

▶ **Frei stehende Bäume**: Bei uns kommen Wind und Niederschläge meist aus Nordwest. Daher ist die Seite des Stamms, die in diese Richtung zeigt, oft mit Moos bewachsen. Man nennt sie Wetterseite.

▶ **Kompasspflanzen:** Sie stellen ihre Blätter senkrecht, sodass die Blattspitzen nach Nord-Süd und die Blattflächen nach Ost-West zeigen. In dieser Stellung trifft die heiße Mittagssonne, die von Süden auf die Pflanzen scheint, nur auf die Kanten der Blätter. So geht den Pflanzen weniger Wasser durch Verdunstung verloren.

Der Stachellattich ist eine Kompasspflanze.

Nordstern

Großer
Wagen

N

Orientierung an den Sternen

Nachts können dir Sternbilder bei der Orientierung helfen. Siehst du den Großen Wagen? Er besteht aus sieben hellen Sternen. Man kann sich bei ihrer Anordnung die Figur eines Handwagens mit Rädern und Deichsel vorstellen. Der Große Wagen ist ein Teil des Sternbildes Großer Bär.

Den Nordstern findest du, indem du den Abstand der hinteren beiden Sterne des Wagenkastens fünfmal verlängerst. Vom Nordstern aus peilst du senkrecht zum Horizont hinunter und schon blickst du nach Norden.

Den Großen Wagen findest du in unseren Breiten in jeder klaren Nacht, jedoch nicht immer in der gleichen Stellung.

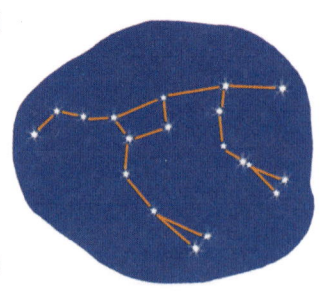

Sternbild Großer Bär

Kreuz des Südens

Hat dich die Abenteuerlust auf die Südhalbkugel der Erde verschlagen? Dann hilft dir statt des Nordsterns das Kreuz des Südens bei der Orientierung.

1. Suche zunächst nach zwei besonders hellen Sternen im neblig schimmernden Band der Milchstraße.

2. Verlängerst du ihre Verbindungslinie, triffst du auf das Kreuz des Südens. Wie der Name verrät, bilden vier helle Sterne ein kleines Kreuz.

3. Die Längsachse dieses Kreuzes weist bei vierfacher Verlängerung auf den südlichen Himmelspol. Dort steht leider kein auffälliger Stern.

4. Peilst du von dieser Stelle des Himmels zum Horizont hinab, hast du die Südrichtung gefunden.

Tipp: Befindest du dich auf der Südhalbkugel der Erde, steht die Sonne mittags im Norden!

Wie man Landkarten nutzt

Besorge dir eine Karte von der Gegend, die du erkunden willst. Topografische Karten sind am besten, weil sie zeigen, wie das Gelände beschaffen ist. Sie sollten nicht älter als zwei Jahre sein. Veraltete Karten können Fehler enthalten und dich in die Irre führen.

Der Kartenmaßstab

Unter dem Maßstab einer Karte versteht man das Verhältnis zwischen einer Strecke auf der Karte und der tatsächlichen Länge dieser Strecke in der Natur. Karten im Maßstab von 1 : 25 000 oder 1 : 50 000 sind für Wanderungen, Rad- und Skitouren geeignet. Ein Maßstab von 1 : 50 000 bedeutet: 1 cm auf der Karte sind 50 000 cm, also 500 m, in der Natur.

1 : 50 000

1 cm = 500 m - - ->

Das Gitternetz

Jede Karte ist von einem Gitternetz
überzogen. Die Linien verlaufen
von Norden nach Süden und von
Westen nach Osten. Das Gitter-
netz dient zur Ausrichtung der
Karte, hilft beim Suchen, zum
Beispiel von Straßen, und beim
Abschätzen von Entfernungen.

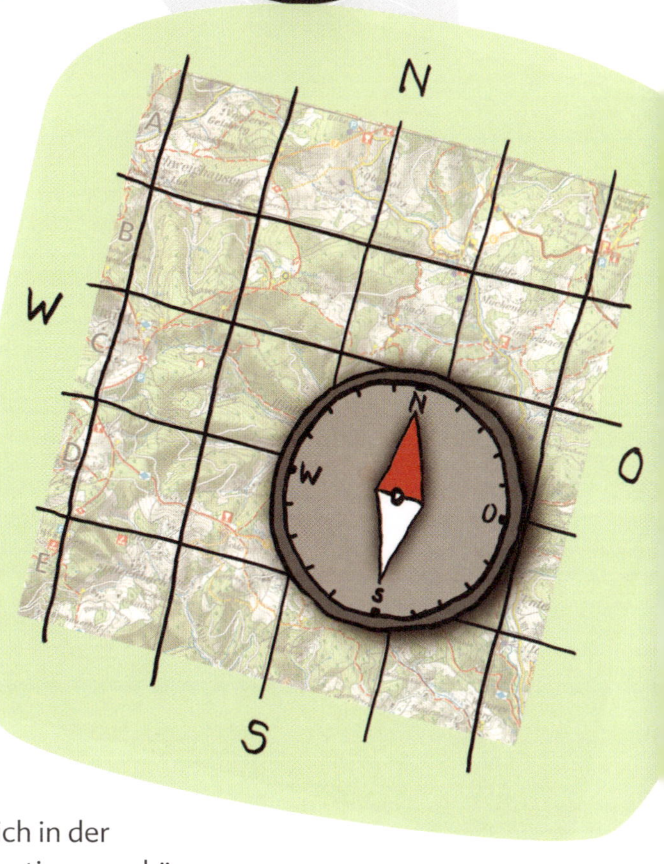

Springer
auf B4

Die Karte „einnorden"

Halte deine Karte so,
dass du die Beschrif-
tung lesen kannst:
Dann ist unten Süden, links ist
Westen und rechts Osten. Um dich in der
Wildnis mithilfe deiner Karte orientieren zu können,
musst du sie so halten, dass der Norden oben auf der Karte mit
dem Norden in der Natur übereinstimmt. Dazu legst du den Kompass
auf die Karte und drehst diese so lange, bis die Kompassnadel parallel
zu den von oben nach unten verlaufenden Gitternetzlinien liegt.

Die Legende

Am Rand einer jeden Karte befindet sich die sogenannte Legende. Dort wird die Bedeutung der verschiedenen Zeichen und Farben erklärt.

Laubwald		Nadelwald	
Bahnlinie		Wasserfall	
Straße, Weg		Gebäude	
Brücke, Steg		Schutzhütte	
Tunnel		Kirche	
Böschung		Turm	
Höhle		Flugplatz	
Fluss		Quelle	

Auf dieser Karte liegen die braunen Höhenlinien eng beieinander. Steiles Gelände!

Höhenlinien

Die braunen Höhenlinien verbinden Punkte gleicher Höhe miteinander. Einige sind beschriftet, wobei der „Fuß" der Zahl talwärts zeigt. Der Berggipfel ist als Punkt markiert und mit einer Höhenangabe versehen.

Bergsteigerwissen:
▶ Liegen die Höhenlinien eng beieinander, ist das Gelände sehr steil.

▶ Haben die Höhenlinien einen großen Abstand, steigt das Gelände sanft an.

✗ Wie lange dauert die Wanderung?

Wenn du weißt, dass man zu Fuß im ebenen Gelände 4 km pro Stunde zurücklegt (= die eine Zeit) und in den Bergen in einer Stunde 300 Höhenmeter beim Aufstieg und 500 Höhenmeter beim Abstieg (= die andere Zeit) schafft, dann kannst du mithilfe deiner Karte die Zeit bis zum Ziel berechnen.
Faustformel: Die berechnete längere Zeit plus die Hälfte der kürzeren Zeit ergibt die Gesamtzeit der Wanderung.

Mit der Karte unterwegs

Damit du bei deiner Expedition die Orientierung nicht verlierst und dich mit deiner Karte im Gelände stets gut zurechtfindest, beachte die folgenden Tipps:

1. Falte die Karte auf ein handliches Format!
   Dein Standort und möglichst auch dein Ziel sollten darauf zu sehen sein. Ist dein Ziel sehr weit entfernt, solltest du dir Zwischenziele markieren.

2. Halte die Karte im Gelände immer so, dass das darauf Gezeigte mit der Natur um dich herum übereinstimmt.

3. Dein Ziel sollte vor dir bzw. am oberen Rand der gefalteten Karte, dein Standort am unteren Rand liegen!

4. Dein Daumen markiert deinen Standort!

5. Verfolge von Anfang an deinen Weg auf der Karte.
   So weißt du immer, wo du gerade bist.

Wie du deinen Standort findest

Hast du eine Karte dabei, weißt aber plötzlich
überhaupt nicht mehr, wo dein Standort ist?
Dann gehst du so vor:

1. Norde deine Karte mit dem Kompass ein.
Dazu legst du die Karte auf den Boden und
drehst sie, bis die Gitternetzlinien in die gleiche
Richtung wie die Kompassnadel verlaufen.

2. Halte Ausschau nach einem markanten Geländepunkt, der auch auf der Karte verzeichnet ist. Das
kann zum Beispiel ein Turm sein.

3. Verbinde die Richtung zum Turm mit dem Kartensymbol,
indem du einen Bleistift oder einen dünnen Zweig auf die Karte legst.
Dann weißt du, dass sich dein Standort irgendwo auf dieser
Verbindungslinie befindet.

4. Wiederhole das Verfahren mit einem zweiten Geländepunkt, der
idealerweise in einem 90°-Winkel zum ersten Punkt liegt.

5. Dort, wo die beiden von dir markierten
Linien sich auf der Karte schneiden,
ist dein Standort.

Wichtig:
Drehe die Karte
zwischendurch
niemals!

Hilfe, ich habe mich verirrt!

Die wichtigste Regel: Ruhe bewahren! Hast du dich verlaufen, gehe bis zu der Stelle zurück, an der du dich noch auskanntest oder es Wegweiser gibt. Dabei kannst du deinen eigenen Spuren folgen.

Halte immer Ausschau nach auffälligen, weithin sichtbaren Landmarken. Türme oder Bergspitzen sind gute Orientierungshilfen. Spitze deine Ohren! Denn auch Geräusche können dir weiterhelfen.

Bei Nebel immer auf dem Weg bleiben. Sorge dafür, dass du zur letzten sicheren Wegmarkierung zurückkehren kannst. Baue dazu Steinmännchen am Wegesrand oder male Pfeile auf den Boden. Manchmal bleibt dir nichts anderes übrig, als auf bessere Sicht zu warten.

Tipp: Bevor die Tour startet, Start- und Zielkoordinaten sowie Zwischenstopps als Wegpunkte ins GPS-Gerät eingeben! So kannst du im Notfall nahe gelegene Stationen anlaufen und findest sicher zurück.

Bei Nebel kann man oft nur wenige Meter weit sehen.

Das Wetter im Auge behalten

In der Wildnis ist es immer ratsam, die Wetterentwicklung im Auge zu behalten. Erfolgreiche Wetterfrösche wissen, wonach sie Ausschau halten müssen.

Der Luftdruck

Wärme, Wind und Wasser sind die Zutaten, die das Wetter bestimmen. Das Wettergeschehen spielt sich in der untersten Schicht der Lufthülle der Erde ab. Ein wichtiger Faktor ist der Luftdruck. Er verändert sich immer, bevor sich das Wetter verändert. Darum ist es wichtig, immer wieder einen Blick aufs Barometer zu werfen.

1010

Was das Barometer verrät:

▶ Steigt der Luftdruck, wird das Wetter klarer, schöner.

▶ Sinkt der Luftdruck, wird's regnerischer.

▶ Ändert sich der Luftdruck besonders schnell, kann ein Sturm aufziehen.

Beobachte die Wolken!

Wolken bestehen aus Wassertröpfchen und Eiskristallen, die in der Luft schweben. Sie entstehen, wenn sich feuchte Luft abkühlt. Werden die Wassertröpfchen zu groß und zu schwer, fallen sie als Regen oder Schnee zur Erde. Niederschläge kündigen sich durch die Wolkenbilder an.

Drei Wolkenfamilien

Haufenwolken
(Kumulus)

Schichtwolken
(Stratus)

Schleierwolken
(Zirrus)

Wenn du die Wolken am Himmel der richtigen Familie zuordnest, kannst du die Wetterentwicklung in den nächsten Stunden und sogar darüber hinaus einschätzen.

So heißen die Wolken:	So sehen die Wolken aus:	So wird das Wetter:
Haufenwolken (Kumulus)	Sie sehen wie dicke Wattebäusche aus.	Schön.
Schichtwolken (Stratus)	Sie breiten sich wie eine glatte graue Decke über den Himmel aus.	Wenn die Wolkenschicht dichter wird, kann Nieselregen fallen.
Haufenschicht-wolken (Stratokumulus)	Sie bilden eine Decke aus einzelnen kleinen Wolkenhaufen.	Es bleibt erst einmal trocken.
Regenwolken (Nimbostratus)	Sie bilden eine mächtige dunkelgraue Wolkenschicht. Darunter ziehen oft Wolkenfetzen.	Diese Wolken bringen stärkeren Regen.
Gewitterwolken (Kumulonimbus)	Das sind riesige Wolkentürme, denen du beim Wachsen zusehen kannst.	Hochgetürmte Gewitterwolken künden ein baldiges Gewitter an.
Schleierwolken (Zirrus)	Sie sehen wie Spuren weggefegter Wolken aus.	Es regnet erst einmal nicht.

Beobachte den Wind!

Oft bestimmt der Wind, was du unternehmen kannst. Wenn du eine Radtour machen willst, ist der Wind eher lästig. Willst du dagegen segeln gehen, brauchst du genügend Wind.

Was ist Wind eigentlich?

Wind ist Luft, die sich bewegt. Wenn Luft erwärmt wird, steigt sie in die Höhe. Gleichzeitig strömt kalte Luft nach. Je größer der Temperaturunterschied zwischen kalter und warmer Luft ist, desto stärker weht der Wind.

Wie stark weht der Wind?

Beobachte, was der Wind mit dem Rauch aus den Schornsteinen, mit Wimpeln, Fahnen und Ästen macht! Auf dem Wasser orientierst du dich an den Wellen.

Die Beaufort-Skala

Die Windstärke wird auf der sogenannten Beaufort-Skala in Stufen von 0 bis 12 angegeben. Hier die wichtigsten Stufen:

Beaufort:	Geschwin-digkeit:	Name:	Beschrei-bung an Land:	Beschreibung am Wasser:
0	unter 1 km/h	Windstille		spiegelglatte See
2	6 bis 11 km/h	schwacher Wind		kleine Wellen, noch kurz
4	20 bis 28 km/h	mäßiger Wind		Wellen noch klein, aber länger, Schaum tritt ziemlich häufig auf
6	39 bis 49 km/h	starker Wind		große Wellen, Kämme brechen, weiße Schaum-flächen, etwas Gischt
8	62 bis 74 km/h	stürmi-scher Wind		mäßig hohe Wellen, Gischt weht ab, Schaumstreifen in Windrichtung
10	89 bis 102 km/h	schwerer Sturm		sehr hohe Wellen, lange, überbrechende Kämme, Rollen der See schwer und stoßartig
12	über 117 km/h	Orkan		Luft mit Schaum und Gischt angefüllt, See vollständig weiß

Was tun bei einem Gewitter?

Wachsende Wolkentürme sind sichere Anzeichen für ein nahendes Gewitter. Auch Schwüle mit aufkommendem Wind und Donnergrollen deutet auf ein Gewitter hin.

Bei den ersten Anzeichen heißt es: Weg vom Wasser und Schutz suchen! Häuser und Schutzhütten mit Blitzschutzanlagen sowie Autos sind sichere Orte. Auch mitten im Wald unter kleineren Bäumen bist du relativ sicher.

Wie weit ist das Gewitter entfernt?

Zähle die Sekunden zwischen Blitz und Donner

einundzwanzig, zweiundzwanzig...

und teile die Anzahl durch 3. Das Ergebnis ist die Entfernung in km.

Das musst du dringend beachten:
Ein Blitz schlägt meist in den höchsten
Punkt der Umgebung ein. Darum:

▶ Meide allein
stehende Bäume!

▶ Meide das offene Gelände
(dort wärst du der höchste Punkt!),
Bergspitzen oder Türme!

Bei Blitzen fließen starke elektrische Ströme, die von
Metall und Wasser weitergeleitet werden. Darum:

▶ Halte Abstand zu allen Metallgegenständen —
auch von deinem Fahrrad!

▶ Raus aus dem Wasser! Ein Blitz kann noch im Umkreis
von 100 m von der Einschlagstelle lebensbedrohliche
Folgen haben.

**Wenn du von einem
Gewitter überrascht wirst**
Suche eine tiefer gelegene Stelle.
Gehe dort in die Hocke, die Füße
ganz dicht beieinander, umschlinge
die Beine mit den Armen und ziehe
den Kopf ein.

Die wichtigsten Outdoor-Knoten

Webeleinstek: Damit kannst du ein Seil an einem Gegenstand befestigen. Der Knoten zieht sich bei Belastung zu.

Palstek: Damit stellt man eine Schlaufe her, die sich nicht zuzieht. So kannst du ein Seil befestigen oder Gegenstände sichern.

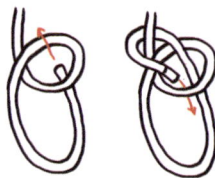 

Der doppelte Achtknoten ist besonders sicher und fest. Du verwendest ihn zum Beispiel, um dich beim Klettern anzuseilen.

Kreuzknoten: Diesen Knoten brauchst du, wenn dein Seil nicht lang genug ist und du es mit einem zweiten verlängern willst.

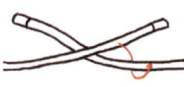   

Achtknoten: Damit sicherst du das Ende eines Seils und verhinderst, dass es zum Beispiel durch eine Öse rutscht.

ACHTUNG STEINSCHLAG

CAMPING
CAMPING

VORSICHT

HAIE

KRÖTENWANDERUNG

BIKE ROUTE

VORSICHT!

KOKOSNÜSSE

VORSICHT, ZECKEN!

Wildtollwut
Gefährdeter Bezirk

Knoten für besondere Anwendungen

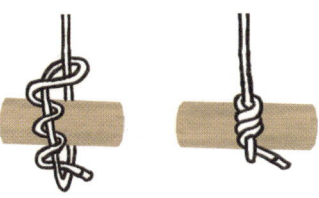

Zimmermannsknoten
Mit dem Zimmermannsknoten befestigst du den Anfang eines Seils an einem Pfosten oder einer Stange.

Kreuzbund
Mit einem Kreuzbund kannst du zwei Stangen rechtwinklig miteinander verbinden. Und das geht so:

1. Den Seilanfang mithilfe eines Zimmermannsknotens an der tragenden Stange befestigen.

2. Das Seil mehrmals um beide Stangen wickeln, dabei vor der nicht tragenden Stange kreuzen.

3. Zwei bis drei Windungen zwischen den Stangen, damit die Verbindung fester wird.

4. Zum Schluss einen Webeleinstek zur Befestigung des Seilendes legen.

Prusikknoten
Der Prusikknoten zieht sich bei Belastung zu. Bei Entlastung lockert er sich und lässt sich leicht verschieben. Der Knoten wird von Bergsteigern, Baumkletterern und Pfadfindern beim Klettern und Sichern verwendet.

Ein Dreibein bauen

Ein Dreibein besteht aus drei gleich langen Stangen, die an der Spitze zusammengebunden sind. Es steht auf jedem Untergrund, ohne zu kippeln. Ein Dreibein kann zum Beispiel das Grundgerüst eines Tipis bilden oder einen Kochtopf über dem Feuer halten. Je steiler die Stangen stehen, desto mehr Last kann ein Dreibein tragen. Stellt man das Dreibein „breitbeinig" auf, ist es stabiler gegen seitliche Kräfte, etwa Wind. Und so baust du ein Dreibein auf:

1. Lege die drei Stangen nebeneinander auf den Boden.
2. Befestige den Anfang der Schnur mit einem Zimmermannsknoten an einer äußeren Stange.
3. Webe die Schnur um die drei Stangen und befestige das Ende mit einem Webeleinstek.

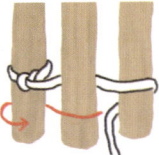 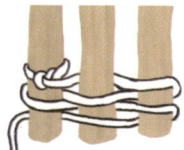 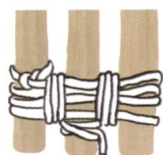

Achtung! Der Dreibeinbund darf nicht besonders straff gebunden werden. Die nötige Spannung wird erst beim Aufstellen durch das Verschränken der Holzstangen erreicht.

Die Strickleiter

Um bequem in einen hoch gelegenen Unterschlupf, zum Beispiel auf einer breiten Astgabel in
einem Baum, klettern zu können, brauchst du eine
Strickleiter. Dafür besorgst du dir 2 lange Seile und
4 stabile Rundhölzer oder Äste pro Meter der
Leiter als Sprossen.

Die Sprossen sollten 40 cm breit sein und einen
Abstand von etwa 35 cm haben. Lege die Seile
parallel auf den Boden und befestige die Sprossen links und rechts mit Flaschenknoten. Die
lassen sich leicht verschieben, sodass du die
Sprossen rechts und links auf die gleiche Höhe
bringen kannst.

So wird der Flaschenknoten geknüpft:

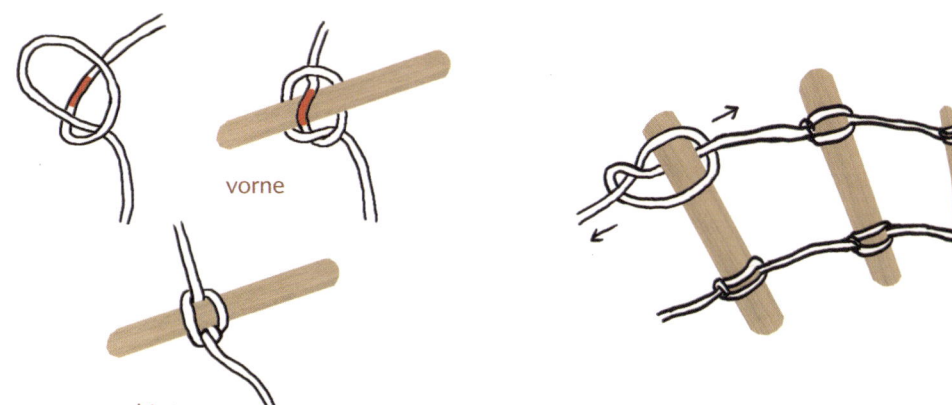

vorne

hinten

Wichtig: Achte darauf, dass
die kleine Schlinge unten liegt.
Denn der Knoten ist nur in eine
Richtung belastbar.

Schnitzen

Du kannst Holzstücke in praktische Sachen verwandeln:

▶ Ein meißelförmig zugespitzter Holzstock hilft beim Graben.

▶ Angespitzte Äste lassen sich beim Lagerbau besser in den Boden stecken. Als Grillstöcke eignen sie sich bestens, um Würstchen aufzuspießen.

▶ Auch ein Holzlöffel ist schnell geschnitzt. Dagegen ist die Herstellung eines Bechers schon etwas zeitaufwendiger.

▶ Ein Wanderstock ist praktisch beim Durchwaten von Gewässern, beim Gehen am Berg oder auch zur Abwehr angriffslustiger Tiere. Der Stock sollte etwa so groß wie du selbst und 3 cm dick sein. Die geraden Äste vom Haselnussstrauch sind ideal. Die Rinde löst sich leicht vom Holz, sodass du schöne Muster hineinschnitzen kannst. Je frischer das Holz ist, desto leichter lässt es sich bearbeiten.

Natürlich lassen sich auch wahre Kunstwerke mit einem Schnitzmesser anfertigen.

Vorsicht! Schnitzen ist auch gefährlich, weil du dich mit dem scharfen Schnitzmesser schneiden kannst.

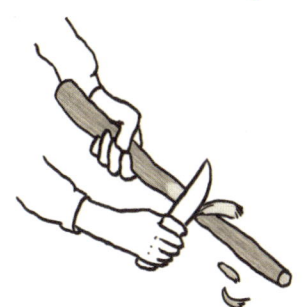

Die wichtigsten Schnitzregeln:
▶ Wer schnitzt, der sitzt!
▶ Immer vom Körper weg schnitzen!
▶ Die Hand, die das Holz hält, liegt hinter dem Messer, nie davor!

So gebrauchst du ein Schnitzmesser:
Führe das Messer genau. Beginne direkt vor der Hand, mit der du das Holz festhältst. Setze das Messer flach an und schneide zunächst größere Späne ab. Für den Feinschnitt drückst du mit dem Daumen der Hand, die das Holz festhält, auf den Messerrücken — so kannst du den Schnitt gut kontrollieren.

Welches Holz lässt sich gut schnitzen?
▶ Laubholz ist besser als Nadelholz.
▶ Frisches Holz ist besser als trockenes.
▶ Gut geeignet sind zum Beispiel: Birke, Linde, Schwarzerle, Wacholder und Äste vom Haselnussstrauch.

Ein guter Lagerplatz

Wenn Regen droht oder du länger
in der Wildnis unterwegs bist, ist es
gut zu wissen, wo du dich unterstellen
oder wie du einen Unterschlupf
bauen kannst. Wähle deinen
Lagerplatz dafür sorgfältig aus:

▶ Mulden können bei heftigen Regenschauern
plötzlich überflutet werden.

▶ In Flussnähe kann Hochwasser dich und
deine Ausrüstung wegschwemmen.

▶ Am Fuß von Felswänden bist du durch
Steinschlag gefährdet.

▶ Unter morschen Bäumen kann dir
so einiges auf den Kopf fallen.

Ideal ist ein Lagerplatz mit einem
trockenen, ebenen Boden an wind-
geschützter Stelle. Schaffe Steine und
Dornen beiseite. Trockenes Laub,
Heu oder Fichtennadeln
bilden eine weiche und
warme Unterlage.

Schnell ins Trockene!

Schau dich nach dichten Nadelbäumen um, deren Zweige bis zur Erde reichen. Dort ist der Boden weich und trocken.

Oder: Spanne ein Seil von Baum zu Baum und lege eine Plane darüber. Die Ecken spannst du schräg zur Seite ab, indem du sie zum Beispiel mit Steinen beschwerst.

Schutzdach

Die einfachste Form eines Schutzdaches ist ein Geflecht aus Ästen und Zweigen. Das Schutzdach kann in Form eines rechteckigen Gitters, das du schräg gegen zwei Bäume lehnst, oder kegelförmig rund um einen Baum errichtet werden. Zur Abdichtung eignen sich Baumrinden, Büschel von Steppengras, Palmblätter oder Zweige von Nadelbäumen, die du alle in Wuchsrichtung und dachziegelartig auf dem Gerüst befestigst. Achte darauf, dass du unter dem Schutzdach im Windschatten sitzt.

Die Ein-Mann-Laubhütte

Die Ein-Mann-Laubhütte wird ganz auf die Körpermaße des späteren Bewohners abgestimmt, damit er die Nacht trocken und warm übersteht. So wird's gemacht:

1. Suche eine stabile Astgabel und lege einen Ast darauf ab, der ein gutes Stück länger ist als du. Du kannst den Ast auch mit einem Seil an einem Baumstamm befestigen.

2. Belege das Gerüst seitlich eng mit schräg gestellten Ästen — Öffnung vorne schulterbreit — und decke es zuletzt mit einer dicken Schicht aus trockenem Laub ab.

3. Isoliere die Liegefläche gegen Bodenkälte mit trockenem Laub und Gras.

Tipp: Eingang nach Osten, damit morgens gleich die wärmende Sonne in die Hütte fällt! Ein Ring aus Asche hält die meisten Insekten davon ab, dir zu nahe zu kommen.

Wenn du dein Lager verlässt, brauchst du die Hütte nicht abzubauen, weil sie nur aus Naturmaterialien besteht.

Eine Hängematte schafft Abstand zu lästigen oder sogar gefährlichen Bodentieren.

Hängematte für Dschungelnächte

Im Dschungel ist es nicht zu empfehlen, direkt auf dem Boden zu schlafen. Gefährliche, giftige oder lästige Tiere würden dich überraschen. Als Baumaterial für eine bequeme Hängematte dienen eine Decke oder ein Bettlaken und zwei lange, starke Seile. Und so wird's gemacht:

1. Knüpfe in die beiden Enden der Decke oder des Lakens jeweils einen dicken Knoten.

2. Verknote das erste Seil zu einer sehr großen Schlaufe.

3. Lege sie doppelt um den ersten Baum und ziehe das Ende der Schlaufe durch.

4. Lege das Schlaufenende doppelt und stecke den Lakenknoten durch die Öffnung.

5. Mit dem zweiten Lakenende und dem zweiten Baum verfährst du genauso.

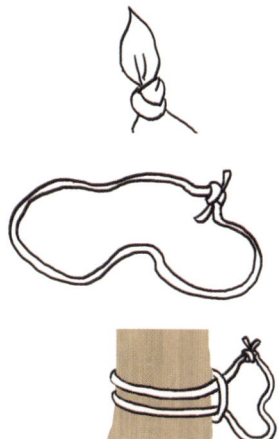

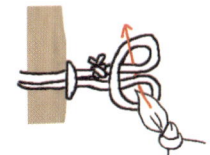

Wichtig: Beachte den Abstand der Bäume und passe die Größe der Seilschlaufen an, sonst hängst du auf dem Boden.

Indianer-Tipi

Wohnen wie die Indianer — so geht's:

1. Markiere einen Kreis von mindestens 2,5 m Durchmesser. Am einfachsten geht das, wenn du dir aus einem dicken Pflock, einer Schnur und einem dünnen Stöckchen einen Zirkel baust (Länge der Schnur = halber Durchmesser).

2. Stecke 3 m lange und 3 bis 5 cm dicke gerade Äste oder Stangen am Kreis entlang schräg in den Boden.

3. Binde sie über dem Zeltmittelpunkt so zusammen, dass die Enden der Äste oder Stangen überstehen.

4. In die Zwischenräume steckst du kürzere Äste in den Boden, wobei der Eingang frei bleiben muss.

5. Als Querversteifung flichtst du dünnere Ruten und Gräser ein. Zuletzt wird eine große Decke oder Folie über das Grundgerüst gespannt.

Im Iglu kann es richtig gemütlich sein.

Unterschlupf im Schnee

Vor eisiger Kälte und Schneestürmen schützt ein Iglu:

1. Markiere einen Kreis mit etwa 2 m Durchmesser als Bauplatz (siehe „Indianer-Tipi").

2. Stapele Schneeblöcke, die etwa 40 cm hoch, 60 cm breit und 15 cm dick sind, im Kreis in einer ansteigenden Spirale aufeinander. Jeder Block muss an der Unterkante gut aufliegen und sich an der oberen Ecke am vorherigen Block anlehnen. Damit eine Kuppel entsteht, müssen sich die Schneeblöcke immer etwas nach innen neigen.

3. Lege den „Schlussstein" über die verbliebene Lücke und passe ihn von innen ein.

4. Zum Schluss dichtest du die Fugen mit Schnee ab.

Tipp: Der Eingang auf der windabgewandten Seite muss tiefer liegen als der Boden im Iglu, so bleibt die Wärme im Iglu.

Das Lagerfeuer

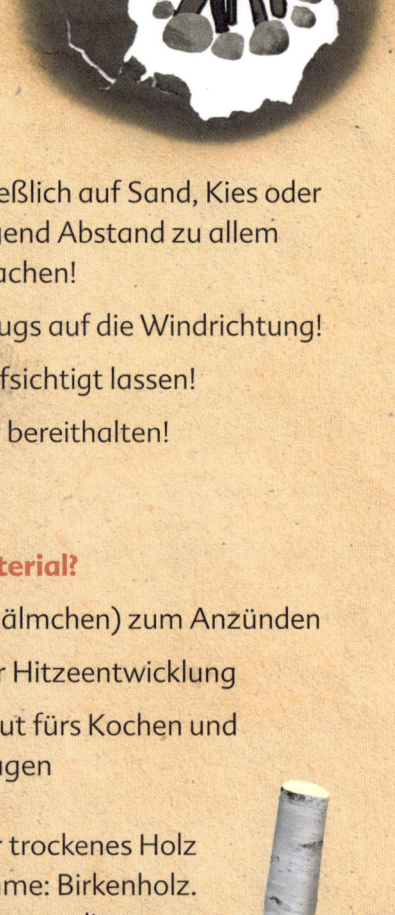

Wenn es Abend wird, ist es schön, am Lagerfeuer zu sitzen. Ein paar Dinge musst du beachten.

Sicherheit

▶ Nur gemeinsam mit einem Erwachsenen und ausschließlich auf Sand, Kies oder Schotterflächen mit genügend Abstand zu allem Brennbaren ein Feuer entfachen!

▶ Achte wegen des Funkenflugs auf die Windrichtung!

▶ Das Feuer niemals unbeaufsichtigt lassen!

▶ Immer einen Eimer Wasser bereithalten!

▶ Sorgfältig löschen!

Welches Brennmaterial?

▶ Zunder (Papier, Hälmchen) zum Anzünden

▶ dünne Zweige zur Hitzeentwicklung

▶ dicke Äste, um Glut fürs Kochen und Wärmen zu erzeugen

Gut zu wissen: Nur trockenes Holz brennt gut. Ausnahme: Birkenholz. Ein Steinkreis hilft gegen die ungewollte Ausbreitung des Feuers.

Holz aufschichten

Schichte Zweige und Äste in Pyramidenform auf.
Die stärkeren Hölzer werden auf der dem Wind
abgewandten Seite angelehnt. An der Windseite
lässt du eine Öffnung zum Anzünden frei. So werden die Flammen gleich in den Holzstoß gedrückt.

Das Feuer anzünden

Bei Sonnenschein kannst du auch mit einer Lupe
Feuer machen. Halte sie so, dass ein möglichst
kleiner Lichtfleck auf den Zunder fällt.

Wichtig: Halte dabei niemals
deine Hand unter die Lupe.
Du könntest dich verbrennen.

Das Feuer löschen

▶ Verteile das restliche Brennmaterial mit
  einem Stock.

▶ Gieße Wasser darauf, bis nichts mehr dampft.

▶ Gib Erde oder Sand darüber.

▶ Vergewissere dich, dass das Feuer auf keinen Fall
  wieder aufflammen kann!

Leckeres Stockbrot

Am Lagerfeuer kann sich jeder leicht
sein eigenes Stockbrot backen.

Für 8 Abenteurer brauchst du:
1 kg Mehl, 150 g Zucker,
1 Teelöffel Salz, 150 g weiche Butter,
2 Eier, 300 ml Milch, 1 Würfel
Frischhefe, nach Geschmack Kräuter,
geröstete Zwiebeln oder Schoko-
stückchen.

Stockbrot niemals direkt
in die Flammen halten!

Und so wird's gemacht:

1. Gib alle Zutaten in eine Schüssel, krümele die Hefe
   dazu und knete alles gut durch.

2. Nun muss der Teig etwa eine Stunde an einem
   warmen Ort „gehen".

3. Rolle ihn dann zu 2 cm dicken und 30 cm langen
   „Würstchen", die du jeweils um die Stockspitze
   eines fingerdicken Haselnusszweiges wickelst.

4. Jetzt einfach so lange über die Glut halten und dabei drehen, bis das Brot goldgelb gebacken ist und
   sich leicht vom Stock schieben lässt.

Was man sonst noch braten und grillen kann

Spiegelei aus der Wildnispfanne

Aus einer doppelten Lage Alufolie lässt sich leicht
eine kleine Behelfs-Wildnispfanne mit Rand formen.
Einfetten und mit einem aufgeschlagenen Ei auf einem
Rost aus frischen Ästen über der Glut platzieren. Bevor die Äste verbrennen, ist das Ei schon fertig. Salzen und direkt aus der Pfanne essen.

Maiskolben

Ganze Maiskolben mit Blättern für etwa eine halbe Stunde in
die Glut legen. Zwischendurch wenden. Wenn die Körner gar sind,
Blätter entfernen, Körner mit Butter bepinseln und salzen.

Paprikapäckchen

Rote oder gelbe Paprikaschoten
waschen, halbieren, aushöhlen
und mit Schafskäsewürfeln füllen.
Die Paprikahälften einzeln in
Alufolie wickeln und 15 Minuten
in die Glut legen, bis der Käse
geschmolzen ist. Guten Appetit!

Leckeres aus der Natur

In der Natur gibt es viele leckere Pflanzen.
Iss jedoch nur, was du genau kennst, und
niemals Pflanzen, die nahe an Straßen, an Bahndämmen, an staubigen Wegen oder frisch gedüngten Wiesen wachsen. Nimm nur die jungen und gesunden Pflanzenteile, sammle nur so viel, wie du gerade brauchst, und ernte nie ganze Bestände ab. Vor der Zubereitung wäschst du alles gut ab.

Gänseblümchen, Kapuzinerkresse und Rotklee haben essbare Blüten. Die Vogelmiere ist ganzjährig komplett verwertbar. Von Brunnenkresse, Giersch, Löwenzahn, Sauerampfer, Spitzwegerich und Brennnessel kannst du die jungen Blätter ernten und zu Salaten, Suppen oder Gemüsegerichten verarbeiten.

Spitzwegerich

Brennnessel

Giersch

Sauerampfer

Gänseblümchen

Kapuzinerkresse

Rotklee

Löwenzahn

Vogelmiere

Brunnenkresse

Aus den Blüten des Rotklees kannst du dir einen Tee kochen.

Rotklee-Tee

Lass vier bis sechs Rotklee-Blütenköpfchen in ¼ Liter heißem Wasser zehn Minuten ziehen. Um ohne Topf in der Wildnis zu kochen, braucht man eine kleine Mulde. Die Mulde wird mit Alufolie ausgelegt und anschließend mit Wasser, Kräutern oder Teeblättern gefüllt. Zuletzt werden im Feuer erhitzte Steine vorsichtig ins Wasser gelegt, um es zu erwärmen.

Beerenfrüchte

Walderdbeeren, Blaubeeren, Preiselbeeren, Brombeeren und Himbeeren nicht direkt vom Strauch essen. Es könnten gefährliche Fuchsband-wurm-Eier darauf sein. Möglichst weit oben pflücken und sehr gründlich waschen, am besten kochen, dann kannst du sie genießen.

Zum Knabbern

Im Wald findest du reife Haselnüsse, Walnüsse und Bucheckern. Knacke die harten Schalen zwischen zwei Steinen.

Hilfe, ich verdurste!

Zur Not kannst du wochenlang hungern, ganz ohne Wasser verdurstest du aber schon innerhalb weniger Tage. Deshalb ist es wichtig, in Notsituationen möglichst bald Wasser zu finden.

Findest du nur feuchten Sand, kannst du aus ihm Wasser hervorzaubern. Grabe dazu eine Grube, stelle ein Gefäß hinein und spanne eine Folie darüber. Auf die Folie legst du direkt über dem Gefäß einen kleinen Stein, sodass die Folie durchhängt. Bei Sonnenschein verdunstet das Wasser aus dem Sand, wird von der Folie aufgefangen und tropft in das Gefäß.

So erhältst du destilliertes Wasser. Es muss mit Mineralien (Salz oder Sand) versetzt werden, bevor du es trinkst. Ansonsten bringst du das Wasser-Mineralstoff-Gleichgewicht in deinem Körper durcheinander und verschlimmerst dadurch nur deine Notlage.

Wo findet man Wasser?

Wasser sammelt sich immer an der tiefsten Stelle. Suche also in Tälern, Löchern und ausgetrockneten Flussbetten — und dort vor allem in der Außenkurve.

Spitze deine Ohren! Vielleicht hörst du irgendwo das Rauschen eines Bachs.

An Baumstämmen läuft das Regenwasser herab. Ein Seil, um den Baum gewickelt und bis in ein Gefäß gespannt, sammelt und leitet das Wasser.

In Wüsten und Steppen suchst du nach Felsen. Das Gestein lässt das Wasser nicht eindringen. So sammelt es sich in Mulden, unter Felskanten und in Spalten.

Pflanzen wachsen höher an Orten, an denen es ausreichend Wasser gibt. Außerdem haben sie größere Blätter und sind grüner. Halte nach ihnen Ausschau.

Um Regen aufzufangen, benötigst du eine große Folie, die du auf dem Boden auslegst. Durch eine Vertiefung in der Mitte kann sich ein Teich bilden.

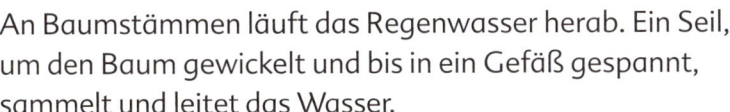

Tieren auf der Spur

Wildtiere sind scheu. Sobald sie dich hören, sehen oder riechen, verschwinden sie. Trotzdem kann ein geübter Spurenleser Hinweise darauf finden, welche Tiere in der Nähe leben.

Reibespuren

Wenn Rehe, Rothirsche oder Elche ihre Geweihhaut (Bast) von den Geweihen an Bäumen und Sträuchern abreiben, löst sich die Rinde und bleibt in kleinen Fetzen an den Stämmen hängen. Malbäume nennt man Bäume mit deutlichen Scheuerstellen. Rotwild, Wildschweine (siehe Foto) oder Dachse reiben sich an ihnen.

Bauspuren

Viele Tiere sind begabte Baumeister. Sie schaffen besonders sichere Verstecke, in denen sie sich ausruhen, ihre Jungen zur Welt bringen und aufziehen können.

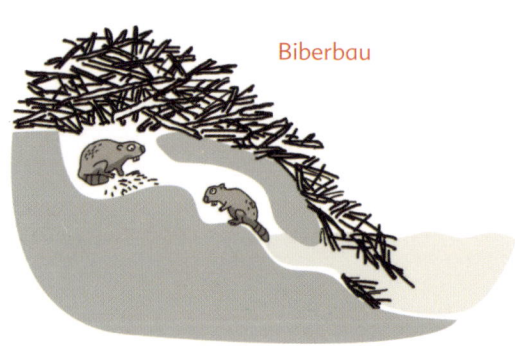

Biberbau

Spechthöhle

Grabespuren

Umgewühlte Wiesen oder Äcker zeigen, dass Wildschweine am Werk waren und nach Nahrung gesucht haben.

Fraßspuren

Besonders auffällig ist die Nagespur des Bibers. „Seine" Bäume sehen wie Sanduhren aus.

Gewölle

Gewölle sind die von Eulen- und Greifvögeln ausgewürgten unverdaulichen Nahrungsreste. Eulengewölle enthalten Knochenteile, Greifvogelgewölle eher nicht.

Federn

Viele ausgerupfte Federn sind Zeichen eines Kampfes. Raubtiere beißen die Federn ab, während Greifvögel sie ausreißen.

ausgerissen

abgebissen

Fuchsbau

Vogelnest

Fährten lesen

Gefährlichen Wildtieren kannst du rechtzeitig ausweichen, wenn du ihre Spuren lesen kannst. Auf weichem feuchtem Untergrund oder im Schnee sind die Fuß- bzw. Hufabdrücke oder die Fährten (so nennt man eine Reihe von Abdrücken hintereinander) der Wildtiere gut zu erkennen.

Wildschwein

Bär

Gams

Marder

Biber

Wolf

Rothirsch

Hauskatze

Luchs

Hund

Hase

Reh

Waschbär

Fuchs

Dachs

Begegnungen mit wilden Tieren

Fuchs

Ist ein Fuchs zutraulich, gehe ihm aus dem Weg. Hat er auch noch Schaum vorm Maul, ist das ein sicheres Anzeichen für Tollwut. Durch einen Biss kann er die Krankheit auf dich übertragen.

Wildschweine

Wildschweinmütter, die ihre Jungen beschützen wollen, greifen auch schon mal Menschen an. Dann hilft nur eins: Nichts wie weg!

Zecken

Nach einem Waldspaziergang solltest du dich am ganzen Körper nach Zecken absuchen. Hat sich eine Zecke festgebissen, kann sie Krankheiten übertragen. Lass sie von einem Erwachsenen mit einer Zeckenkarte oder Pinzette vorsichtig entfernen. Bleiben Reste in der Wunde oder zeigen sich später Rötungen, schnell zum Arzt.

Giftschlangen, Giftspinnen und Skorpione

Gifttiere beißen oder stechen, wenn sie sich bedroht fühlen und keine Fluchtmöglichkeit sehen. Beachte im Dschungel:

- ▶ Nie im Dunkeln ohne Taschenlampe laufen (viele Gifttiere sind Nachttiere)!

- ▶ Schüttle Kleidung und Schuhe vor Benutzung aus (Skorpione verkriechen sich gern darin)!

- ▶ Festes Schuhwerk tragen, das bis über die Knöchel reicht!

- ▶ Fest auftreten (so verscheuchst du Schlangen am Boden) und größere Bäume und Büsche meiden (fast alle Baumschlangen sind giftig)!

- ▶ Nie direkt auf dem Boden schlafen!

Erste Hilfe nach einem Biss oder Stich:

- ▶ Ruhe bewahren und nicht viel bewegen!

- ▶ Bissstelle mit klarem Wasser ausspülen!

- ▶ Schnellstmöglich ins nächstgelegene Krankenhaus! Vorher — falls gefahrlos möglich — das Gifttier fotografieren, damit die Ärzte das richtige Gegengift spritzen können.

Kann für Kinder gefährlich sein: Auch die heimische Kreuzotter ist eine Giftschlange.

Was tun, wenn ich einem Bären begegne?

Bären gehen dem Menschen aus dem Weg — jedoch nur, wenn sie ihn rechtzeitig wahrnehmen. Werden sie überrascht, können sie angreifen. Nähert sich ein Bär, rede mit ruhiger Stimme und bewege langsam die Arme über den Kopf, sodass der Bär dich für sehr groß hält. Gehe langsam rückwärts von ihm weg.

SCHALLA LA LA LA

So schütze ich mich vor Bären:

1. Krach machen:
Wo Bären in der Vegetation schlecht auszumachen sind, solltest du dich lautstark bemerkbar machen. Dann haben die Bären die Möglichkeit, rechtzeitig zu verschwinden. Binde eine klappernde Tasse oder eine spezielle Bärenglocke an den Rucksack.

2. Zeltplatz sichern:
Am besten legst du ein Dreieck mit je einer Ecke für Zelt, Kochstelle und Proviant an (Abstand zwischen den Ecken: jeweils 100 m). Der Proviant gehört in einen bärensicheren Behälter und wird an einem stabilen Ast aufgehängt. Wichtig: Nichts mit starkem Geruch mit ins Zelt nehmen!

Und wenn ich einem Wolf begegne?

Normalerweise meiden Wölfe Menschen. Nur wenn sie sich in die Enge getrieben fühlen, kann es gefährlich werden. Siehst du einen Wolf, gilt:

Keine Panik! Halte Abstand!

Falls der Wolf sich nicht sofort zurückzieht, renne nicht weg und kreische niemals wie ein verletztes Tier — das könnte den Jagdinstinkt des Wolfes wecken. Gehe lieber langsam und geräuschvoll (singen, rufen, klatschen) rückwärts. Folgt dir der Wolf, bleib stehen, mache dich groß und wirf notfalls etwas nach ihm. Das sollte ihn verscheuchen.

Und wenn ein Luchs naht?

Luchse vertrauen häufig auf ihre Tarnung und flüchten nicht gleich. Hast du das Glück, einen Luchs in freier Wildbahn zu erleben, bleibe ruhig stehen. Der Luchs wird dich beobachten und irgendwann von allein verschwinden. Kommt dir ein Luchs zu nah, lässt er sich durch heftige Bewegungen, laute Geräusche oder im Notfall durch Bewerfen in die Flucht schlagen.

Was tun, wenn man in Treibsand gerät?

Im Watt, an Flüssen und Seen, aber auch in Sand- und Kiesgruben kann man in Treibsand geraten und darin einsinken. Treibsand ist mit Wasser getränkter Sand. Kommt er in Bewegung oder wird er belastet, verlieren die Sandkörner den Zusammenhalt, und alles Schwere sinkt ein. Sich allein zu befreien, ist schwierig bis unmöglich. Zu groß ist die Saugwirkung des nassen Sandes.

Darum solltest du Sandflächen, die feucht aussehen und beim Betreten in Schwingung geraten, unbedingt meiden. Bist du bereits im Treibsand eingesunken, bleib ruhig und warte auf Hilfe. Nicht strampeln! Denn das führt dazu, dass du noch tiefer einsinkst. Man sinkt jedoch nicht komplett ein. Am gefährlichsten ist es, bei Ebbe im Treibsand stecken zu bleiben und von der Flut überrascht zu werden.

Was tun, wenn man in einen Strudel gerät?

Wasserstrudel erkennt man an einer kreisförmigen Bewegung des Wassers an der Oberfläche. In der Nähe von Flusswehren ist die Gefahr groß, in einen Strudel zu geraten und unter Wasser gezogen zu werden. Die einzige Möglichkeit zu entkommen besteht darin, sich mit aller Kraft nach unten wegtauchend aus dem Sog zu befreien.

Was tun, wenn man abgetrieben wird?

Wenn du aus eigener Kraft nicht mehr direkt zum Ufer gelangen kannst, gilt:

- ▶ Ruhe bewahren!
- ▶ Schwimme nie gegen die Strömung an, das kostet unnötig Kraft und hilft dir nicht weiter!
- ▶ Lass dich treiben und versuche, seitlich aus der Strömung herauszuschwimmen!
- ▶ Verlasse auf keinen Fall dein Wassersportgerät, zum Beispiel dein Surfbrett oder Schwimmtier, weil man dich damit besser sehen und finden kann.
- ▶ Mache andere auf deine Notlage aufmerksam!

Was tun, wenn das Boot kentert?

Abenteurer, die sich im und am Wasser aufhalten,
können schwimmen und tragen Rettungswesten.
Kentert dein Boot, gilt:

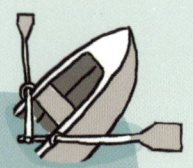

▶ Beim Boot bleiben! Oft unterschätzt man
  die Entfernung zum Ufer!

▶ Prüfen, ob alle da sind und sich keiner unter dem Boot befindet!

▶ Versuchen, das Boot wieder aufzurichten,
  ohne dass jemand in Gefahr gerät!

▶ Ruhe bewahren und um Hilfe rufen!

Was tun, wenn man ins Wasser gefallen ist?

Versuche, so schnell wie möglich an Land zu kommen. Denn kaltes
Wasser entzieht dem Körper blitzschnell die Wärme. Trockne dich gut
ab und wärme dich auf. Gibt es keine Möglichkeit, das Wasser schnell zu
verlassen, bewege dich nicht, sondern lass dich einfach treiben. Spare
deine Kräfte, bis dir geholfen wird. Denn Bewegung im kalten Wasser
beschleunigt die Auskühlung.

Was tun, wenn Mücken angreifen?

Vor allem in der Nähe von Gewässern können Mücken eine echte Plage sein. So kannst du dich schützen:

▶ Trage helle Kleidung und wasche dich oft und gründlich. Denn Mücken lieben dunkle Kleidung und Schweißgeruch.

▶ Starte deine Tour frühmorgens, dann sind die Mücken noch nicht so stechfreudig.

▶ Trage stichdichte Kleidung, etwa ein Bugshirt mit Kapuze und Moskitonetz.

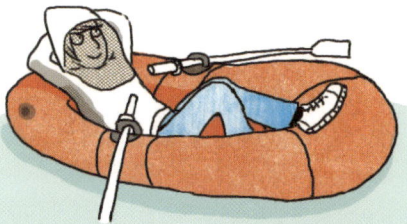

Auch abseits vom Wasser können Mücken Abenteurern den Spaß verderben. Darum:

▶ Schlage einen windigen Weg ein.

▶ Baue dein Zelt nicht im Sumpf auf, sondern auf einer luftigen Kuppe.

▶ Auch der Rauch vom Lagerfeuer hält Mücken fern.

Tipp: Wenn es doch zum Mückenstich gekommen ist, kann man den Juckreiz etwas abmildern, indem man die Einstichstelle mit einem feuchten Lappen kühlt.

Gefährliche Meerestiere

Meerestiere haben unterschiedliche Strategien, um sich mit Nahrung zu versorgen und sich zu verteidigen. Die gefährlichsten Tiere leben in tropischen Gewässern.

Haie

Manchmal verwechseln Haie Menschen mit Beutetieren oder Feinden und beißen zu. Nähert sich ein Hai, bewege dich nicht, fasse ihn nicht an. Meist schwimmt er dann vorbei.

Zitterrochen

Für Taucher ist der Zitterrochen gefährlich. Er kann Stromschläge bis zu 200 Volt austeilen. Das reicht aus, um einen großen Fisch zu töten.

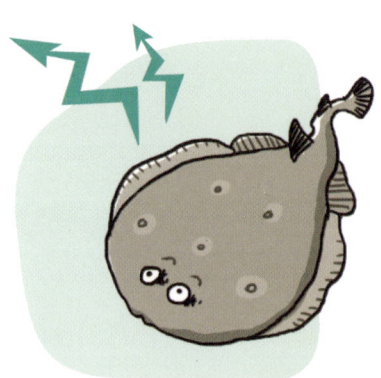

Feuerfische

Diese scheuen Fische haben Rückenflossen mit Giftstacheln zur Abwehr von Feinden. Deshalb: nicht anfassen!

Feuerquallen

Feuerquallen besitzen Tentakel, die mit Giftkapseln besetzt sind. Der Kontakt mit dem Gift brennt auf der Haut. Was tun, wenn du eine Feuerqualle berührt hast?

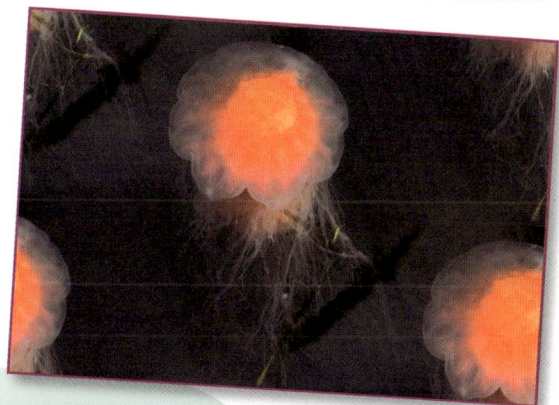

1. Die brennende Stelle mit viel Salzwasser abspülen!

2. Mit Sand bedecken und etwas warten!

3. Dann Sand und Quallenreste abschaben!

4. Weiter kühlen!

Seeigel

Seeigel sitzen meist zwischen Steinen, wo man leicht auf sie tritt. Dabei bleiben die Stacheln in der Haut stecken. Beim Versuch, sie zu entfernen, brechen sie fast immer ab. Trage daher immer Badeschuhe, und schau genau, wohin du trittst. Ist es doch passiert:

▶ Herausstehende Stacheln mit einer Pinzette entfernen!

▶ Wunden desinfizieren!

▶ Tiefer sitzende Stacheln vom Arzt herausnehmen lassen!

Was tun, wenn man ins Eis einbricht?

Umsichtige Abenteurer betreten eine Eisfläche erst, wenn das Eis mindestens 15 cm dick ist. Dunkle Stellen verraten, dass hier das Eis zu dünn ist. Wenn das Eis unter dir knistert und knackt: flach hinlegen, Gewicht verteilen und in Bauchlage Richtung Ufer robben.

Brichst du ein, breite deine Arme aus und lege sie aufs Eis, damit du nicht untergehst. Bewege dich kaum, um möglichst wenig Wärme zu verlieren, und rufe um Hilfe.

Deine Retter müssen vom Ufer aus eine Kette bilden, sich flach aufs Eis legen und dich aus sicherem Abstand zur Einbruchstelle mit einem Rettungsring, einem umgedrehten Schlitten oder Ähnlichem aus dem Wasser ziehen. Wieder an Land, langsam (!) aufwärmen, auf keinen Fall „warm rubbeln"— denn dabei gelangt eiskaltes Blut zum Herzen, was zum Tod führen kann.

Was tun, wenn man von einer Lawine erfasst wird?

Risse in der Schneedecke und dumpfe „Wumm"-Geräusche beim Betreten des Hanges können Anzeichen dafür sein, dass bald eine Lawine abgeht.

So verhältst du dich richtig:

1. Wenn der Schnee ins Rutschen gerät, nichts wie weg.

2. Wenn Flucht nicht möglich ist: Wirf Skier, Stöcke und Snowboard weg — all das zieht dich wie ein Anker tiefer in den Schnee.

3. Ziehe die Reißleine deines Lawinenairbags, versuche, durch Schwimmbewegungen an der Oberfläche zum Lawinenrand zu gelangen.

4. Wenn die Lawine langsamer wird, Hockstellung einnehmen, Arme vor dem Gesicht kreuzen. So schaffst du dir eine Atemhöhle!

5. Orientieren und, wenn möglich, ans Tageslicht graben.

6. Ruhe bewahren, Kraft sparen und laut rufen, wenn jemand in der Nähe ist.

Was tun bei einem Waldbrand?

Je länger es heiß und trocken ist, desto höher ist die Waldbrandgefahr. Wenn's brennt, sofort die Feuerwehr unter **112** alarmieren und Folgendes übermitteln:

Wo brennt es?

Was brennt genau?

Wie ist das Ausmaß des Brandes?

Sind Personen verletzt?

Wo ist dein Standort?

Wie kommt man am besten zur Brandstelle?

Wichtig:

1. Bringe dich gegen den Wind in Sicherheit.

2. Feuer wandert meist nach oben. Suche also unten Sicherheit.

Wenn du dich dabei nicht selbst in Gefahr bringst, versuchst du, kleine Brandstellen

▶ auszutreten,

▶ auszuschlagen, etwa mit langen Nadelbaumästen,

▶ mit Sand, Kies oder Erde abzudecken

▶ oder, falls vorhanden, mit einem Feuerlöscher zu löschen.

Was tun bei einem Tornado?

Tornados sind rasend schnell rotierende Luftwirbel. Sie entstehen bei Gewitter und sind unberechenbar. Gegenstände, die durch die Luft gewirbelt werden, können zu tödlichen Geschossen werden. Große Wirbelstürme hinterlassen eine kilometerbreite Schneise der Verwüstung. Was tun?

▶ Der sicherste Ort ist der Keller eines Steinhauses. Auf jeden Fall sollte man im Inneren eines Hauses Zuflucht suchen.

▶ Ist man mit dem Auto unterwegs und kein Gebäude in Sicht, kann man versuchen, im 90°-Winkel zum Tornado so schnell und so weit wie möglich zu fliehen.

▶ Andernfalls bleibt einem nur, sich flach in einen tiefen Graben, am besten in eine Röhre, zu legen und zu hoffen, dass der Tornado seine Richtung ändert.

Was tun bei einem Vulkanausbruch?

Vulkanausbrüche kündigen sich oft schon Wochen vorher durch Erdbeben, Verformungen an der Erdoberfläche, austretende Gase und ansteigende Temperaturen, zum Beispiel in Kraterseen, an. Die beste Schutzmaßnahme bei einem Vulkanausbruch ist es, Warnungen zu befolgen und genügend Abstand zu halten.

Was tun bei einem Erdbeben?

▶ Ruhe bewahren!

▶ Schutz suchen! In Gebäuden: unter einem stabilen Tisch, im Türrahmen oder nahe einer tragenden Innenwand. Weg von Fenstern und möglicherweise splitterndem Glas. Keinen Aufzug benutzen!
Im Freien: einen großen freien Platz aufsuchen, weg von Brücken, Strommasten, Steilhängen oder flachen Stränden (Tsunamigefahr)!

▶ Brände vermeiden! Offenes Feuer sofort löschen, Gashähne schließen! Durch beschädigte Leitungen oder Kurzschlüsse entstehen oft Großbrände.

▶ Radio einschalten, Telefone nur für Notrufe benutzen!

Was tun bei einem Tsunami?

Tsunamis sind Flutwellen, die durch Seebeben, Vulkanausbrüche und Erdrutsche im Meer entstehen. In Küstennähe türmen sie sich zu riesigen Wellen auf.

Die Vorzeichen:

▶ Bevor ein Tsunami die Küste überspült, zieht sich das Wasser sehr schnell und sehr weit zurück.

▶ Eine Tsunamiwelle rollt einfach heran, sie bricht nicht wie Brandungswellen.

Richtig verhalten!

▶ Zieht sich das Meer zurück, so schnell wie möglich in höhere Gebiete flüchten. Je höher, desto besser.

▶ Manchmal ist es besser, auf eine Palme zu klettern, als wegzurennen. Ein Tsunami ist schneller, als du rennen kannst.

▶ Ist man mit einem Boot unterwegs, fährt man weiter aufs Meer hinaus.

▶ Abwarten und einen sicheren Platz nicht zu früh verlassen. Ein Tsunami besteht aus mehreren Wellen. Und auch der Rückstrom ist sehr gefährlich.

Signale geben

Notsignale gibst du nur, wenn wirklich Hilfe
gebraucht wird! Mache zuerst auf
dich aufmerksam:

▸ mit Rufen oder Winken

▸ mit einer Trillerpfeife

▸ mit Lichtreflexen (etwa mit einem Spiegel)

▸ im Dunkeln mit einer Taschenlampe

Bist du in den Bergen unterwegs, gib sechs Mal hintereinander im Abstand von zehn Sekunden ein hörbares oder sichtbares Signal. Nach jeweils einer Minute Pause wiederholst du das Signal, bis du Antwort erhältst. Die Rettungsmannschaft antwortet mit drei Signalen innerhalb einer Minute.

So sieht das wichtigste Notsignal auf See aus:

● ● ● — — — ● ● ●

(SOS = drei kurze, drei lange, drei kurze Signale)
Das Signal lässt sich leicht pfeifen, klopfen oder blinken.

Im Funkverkehr gilt das Wort MAYDAY,
drei Mal wiederholt, als Hilferuf.

Mit dem Handy kannst du die euro-
päische Notrufnummer 112 anrufen.

112

Um Rettungsteams, die mit dem Hubschrauber kommen, Nachrichten zu übermitteln, kannst du diese Zeichen aus Steinen oder Ästen auf dem Boden auslegen, in den Schnee stampfen oder in feuchten Sand malen. Wichtig ist, dass du sie groß, auffällig und möglichst mit Schattenwurf herstellst.

Y Ja/ja, ich brauche Hilfe.

X Ich komme nicht weiter.

→ Ich bin in diese Richtung gegangen.

K In welche Richtung soll ich gehen?

I Ich brauche einen Arzt/bin verletzt.

F Ich brauche Nahrung/Wasser.

Bei einem Hilfeanruf müssen diese Fragen beantwortet werden:

Was ist passiert?

Wie viele Verletzte mit welchen Verletzungen brauchen Hilfe?

Wo ist es passiert?

Wer meldet?

Warten auf Rückfragen.

Erste Hilfe

Damit du nicht am falschen Ende anfängst zu helfen, merke dir die richtige Reihenfolge:

1. Unfallstelle sichern!

2. Hilfe rufen!

3. Hilfe leisten!

Dazu gehört:

1. Verhindere, dass noch mehr passiert!

2. Schaffe Verletzte aus dem Gefahrenbereich!

3. Sprich Trost zu und beruhige!

4. Ist der erste Schock überwunden, kannst du weitersehen!

Sonnenstich

Ein heißer hochroter Kopf, Kopfschmerzen, Übelkeit und Schwindelgefühl können auf einen Sonnenstich hindeuten. Bringe den Betroffenen sofort in den Schatten. Lagere ihn flach, kühle den erhöhten Kopf und bringe ein kühles Getränk.

Verstauchungen

Beim Wandern über Stock und Stein kommt es schnell zu einem Fehltritt. Verstauchte Knöchel hoch lagern und kühlen, zum Beispiel mit einem Handtuch, das du im Bach nass gemacht hast.

Blasen am Fuß

Sie entstehen leicht in engen, feuchten Schuhen. Lass also möglichst viel Luft an die Füße und wechsele oft die Socken. Kleine Blasen abpolstern, offene Blasen mit einem Pflaster abdecken.

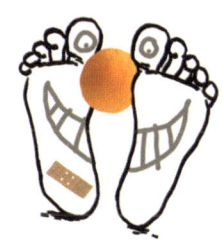

Leichte Schürfwunden

Selbst behandeln kannst du kleine Wunden, die kaum bluten, etwa Schürfungen an Armen und Beinen, Kratzer und winzige Schnitte. Ist die Wunde verunreinigt, spüle sie mit reichlich sauberem, kaltem Wasser aus, anschließend desinfizierst du sie. Zuletzt wird ein Pflaster mit Polster aufgeklebt.

Leichte Verbrennungen

Ob Lagerfeuer oder Sonne — Hitze verbrennt die Haut. Sogar ein durch die Hand gerutschtes Seil kann leichte Verbrennungen verursachen. Halte den betroffenen Bereich unter reichlich fließendes, kaltes Wasser. Dadurch kühlt die Haut ab und der Schmerz lässt nach.

Fotonachweis

Abbildungen im Innenteil

Vorsatzpapier: www.fotolia.de/LianeM (Hintergrundbild), www.shutterstock.com/ by Paul (Bach)

Seite 8: www.istockphoto.com/Jello5700 (Biberspur)

Seite 9: www.shutterstock.de/TungCheung

Seite 15: www.fotolia.de/khausst

Seite 21: www.fotolia.de/Sergej Seemann

Seite 24: www.fotonatur.de/Hans-Wilhelm Grömping (Eichen im Nebel)

Seite 26: www.fotolia.de/Guido Vrola (Haufenwolken), www.shutterstock.com/Christophe Testi (Schichtwolken), www.istockphoto.com/ Spencer Hopkins (Schleierwolken)

Seite 28: www.fotolia.de/etidronic

Seite 30: www.istockphoto.com/Taylor Hinton (Sturm)

Seite 31: www.fotolia.de/doerrenhaus

Seite 32: www.fotolia.de/alexandrum01

Seite 34: www.shutterstock.com/Alex Melnick

Seite 35: www.fotolia.de/JWS

Seite 40: Andreas Zebrak (Laubhütte)

Seite 41: www.shutterstock.com/GekaSkr (Hängematte)

Seite 43: www.fotolia.de/Malena und Philipp K

Seite 46: www.fotolia.de/Marina Lohrbach

Seite 49: www.fotolia.de/Axel Gutjahr

Seite 51: www.shutterstock.com/by Paul (Bach)

Seite 52: www.fotolia.de/arolina66

Seite 53: www.fotonatur.de/Holger Duty (Waldohreule Gewölle)

Seite 57: www.shutterstock.com/Robert Mertl (Schlange)

Seite 58: www.istockphoto.com/JudiLen (Bär)

Seite 59: www.istockphoto.com/Holly Kuchera (Wolf), www.fotonatur.de/Tanja Askani (Luchs)

Seite 61: www.fotolia.de/drucki92

Seite 64: www.fotolia.de/jagronick (Hai)

Seite 65: www.fotolia.de/birdinparadise (Seeigel), www.fotonatur.de/Holger Duty (Gelbe Nesselqualle)

Seite 67: www.fotolia.de/jancsi hadik (Schneelawine)

Seite 68: www.fotonatur.de/Holger Duty (Waldbrand)

Seite 69: www.fotolia.de/emiliau

Seite 70: www.fotolia.de/Vulkanisator

Seite 79: www.shutterstock.com/Petrenko Andriy (Lagerfeuer)

Abbildungen auf den Stickern

Hintergrundbild: www.fotolia.de/Diane M, www.shutterstock.de/Creation (Steinschlag), www.shutterstock.de/ducu59us (Camping), www.shutterstock.de/Pedro Nogueira (Hai), www.shutterstock.de/Eugene Sergeev (Straßensperre), www.shutterstock.de/Daniela Sachsenheimer (Krötenwanderung), www.fotolia.de/Martina Berg (Naturschutzgebiet), www.shutterstock.de/Mark Sykes Photography (Elch), www.shutterstock.de/iphotobank (Stop), www.shutterstock.de/Patrik Mezirka (Krokodil), www.shutterstock.de/Robert Biedermann (Naturdenkmal), www.shutterstock.de/Becky Stares (Aktiver Vulkan), www.shutterstock.de/Darren J. Bradley (Bären), www.shutterstock.de/iWorkAlone (Hochspannung), www.shutterstock.de/Christophe Testi (Bike Route), www.shutterstock.de/Helmut Spoonwood (Zecken), www.shutterstock.de/InnervisionArt (Kokosnüsse), www.fotolia.de/PhotographyByMK (Wildtollwut)

Noch mehr für Abenteurer

ISBN 978-3-649-61574-3

ISBN 978-3-649-61702-0

ISBN 978-3-649-61932-1

ISBN 978-3-649-61513-2

ISBN 978-3-649-61581-1

ISBN 978-3-649-62072-3

ISBN 978-3-649-61933-8

ISBN 978-3-649-61577-4

ISBN 978-3-649-61915-4

ISBN 978-3-649-61824-9

ISBN 978-3-649-61771-6

ISBN 978-3-649-61646-7

Überall im Handel erhältlich und unter www.coppenrath.de!